# Respuestas honestas a preguntas honestas

**Estudio preparado por el personal de IVCF, Filipinas**

**Ediciones Crecimiento Cristiano**

Ediciones Crecimiento Cristiano
Administración: Córdoba 419
5903 Villa Nueva, Cba.
Argentina

oficina@edicionescc.com
www.edicionescc.com

Título original en Inglés: "Honest Answers to Honest Questions"
Traducido con el permiso de Inter-Varsity
Christian Fellowship of the Philippines
P.O. Box 2094, Manila, Filipinas
© 1978 IVCF Philippines
© 1986 Ediciones Crecimiento Cristiano


ISBN 0-87784-616-2 IVCF Philippines (edición original)
ISBN 950-9596-41-8 Ediciones Crecimiento Cristiano

Impreso en los talleres de Ediciones Crecimiento Cristiano

IMPRESO EN ARGENTINA                                    P10

# INDICE

## Estudios

# Prefacio

Aún en el mundo de hoy, donde casi todos quieren que todo sea rápido e instantáneo, la gente no se satisface con respuestas fáciles a sus preguntas serias, especialmente en cuanto a la vida y la eternidad. Quizás esto se da porque la gente hace sus preguntas motivada por profundos problemas y necesidades. Esta es la gente que ansía encontrar respuestas honestas a sus preguntas honestas.

Hay un evidente obrar del Espíritu Santo en el creciente número de personas que, en su búsqueda, están dispuestas a sentarse y estudiar la Biblia. Muchos ya, a través de grupos de estudio, se han encontrado cara a cara con la persona de Jesucristo. Sin embargo, muchos cristianos temen liderar un estudio bíblico porque no saben cómo hacerlo o qué materiales usar. Este cuaderno de estudios tiene la finalidad de ayudarles a llevar a sus amigos hasta Jesucristo. El es la respuesta a las preocupaciones y las necesidades de todos y cada uno.

Las guías de estudio bíblico en este cuaderno están divididas en cuatro series independientes una de otra. Cada serie consiste en cinco a nueve estudios bíblicos individuales. Cada estudio tiene como objetivo una hora de discusión en la que cada miembro del pequeño grupo tenga la oportunidad de hacer preguntas, responder y relacionarse con los demás. Las guías son especialmente para el líder. El toma la iniciativa haciendo preguntas para promover la interacción, y guía la discusión para cubrir los puntos importantes del estudio. Así es que cada estudio está provisto de una serie de preguntas para discusión y para reflexión o aplicación personal. Cada guía también contiene una introducción al estudio, y datos útiles sobre términos bíblicos poco familiares y pasajes difíciles. En la mayoría de los estudios se anima al líder a formular sólo una de las preguntas para reflexión. Esta debe ser elegida a la luz del intercambio que ha tenido lugar durante la conversación, y a la luz de la etapa en que se encuentra la gente del grupo en su camino hacia Dios.

Las guías han sido escritas en su totalidad por miembros del personal de IVCF Filipinas (Inter-Varsity Christian Fellowship of the Philippines, un movimiento universitario miembro de la Comunidad

Internacional de Estudiantes Evangélicos, nombre en castellano de IFES, International Fellowship of Evangelical Students, nota de los editores) a excepción de algunos en la serie tres, "Respuestas honestas a preguntas honestas", las cuales fueron escritas por varios estudiantes de Europa, Africa y el Medio Oriente que están vinculados con IFES. Estamos muy agradecidos a la Srta. Ada Lum de la IFES, quien nos animó para que escribiéramos estas guías y también ayudó en su edición.

Dios ha bendecido el ministerio de pequeños grupos de estudio en las universidades filipinas, donde estas guías han sido usadas extensivamente en su forma original mimeografiada. Que este tomo impreso difunda aún más extensamente el mensaje de salvación por Jesucristo, en hogares, oficinas, escuelas e iglesias, para su gloria.

Harvey T. Co Chien
Secretario general
IVCF Filipinas, Mayo de 1978

# Serie **Uno**

## Preguntas penetrantes de Jesús

*Jesús caminó por esta tierra con mucha gente distinta: pescadores y gobernantes, clérigos piadosos y prostitutas bien conocidas, jóvenes ricos y marginados de la sociedad. Pero con cada uno provocó un pensar más profundo de la vida. A menudo hacía preguntas penetrantes como: "¿De qué le sirve al hombre ganar el mundo entero si pierde la vida?" O hacía preguntas acerca de sí mismo: "¿Por qué me llamas bueno?" y luego tenemos la exclamación asombrosa al Padre cuando Jesús colgaba de la cruz: "¿Por qué me has abandonado?"*

*Cada uno de los siete estudios en esta serie, basados en el evangelio según San Marcos, toma una pregunta formulada por Jesús con el fin de ayudar a otros a pensar de una manera más profunda y clara acerca de la vida. Es nuestra esperanza que éstas afecten tu vida de la misma manera.*

*Estudios preparados por: Harvey Co Chien, Melba Maggay, Danilo Noble*

# Estudio 1

## ¿Quién me ha tocado la ropa?

### Marcos 5:21-34

**Contexto**: El incidente que se describe en Marcos 5:21-34 sucedió poco después que Jesús curó a un hombre poseído por demonios. Cuando dejaron el hombre, los demonios entraron en un hato de cerdos que inmediatamente se precipitaron al cercano mar de Galilea. La gente allí, por temor a mayores pérdidas comerciales, le rogó a Jesús que se fuera del lugar. Pero a la vez estaban aquellos que se agolpaban alrededor de Jesús, el tipo de gente que, curiosa, rondaría cerca de cualquiera que oliera a estrella. Luego estaban aquellos que se esforzaban por realmente creer, como la mujer en este pasaje.

### Notas sobre el pasaje

**5:22** **principales de la sinagoga**: Idealmente, la sociedad judía debía ser una teocracia, centrada alrededor de la sinagoga, su lugar de adoración y enseñanza. Por ello las autoridades religiosas eran respetadas, así como las autoridades civiles.

**5:25** **flujo de sangre**: Una desgracia que, de acuerdo a la ley del Antiguo Testamento, hacía que la mujer fuera ceremonialmente impura y transmitiera esa impureza a todos los que entraran en contacto con ella.

### Jesús en camino a la casa de Jairo (5:21-24)

1 Antes de entrar al pasaje mismo, responde a la siguiente declaración: "No importa cuál es el objeto de la fe, con tal de que se tenga fe". ¿Estás de acuerdo o no? ¿Por qué?

2 Lee ahora Marcos 5:21-34. Imagina a Jesús a orillas del mar rodeado de una gran multitud. ¿Cómo consiguió Jairo que Jesús lo acompañara?

3 ¿Qué acciones convencieron a Jesús de la intensidad de su necesidad?

### La interrupción de una mujer enferma (5:25-32)

4 ¿Qué interrupción se dió en camino a la casa de Jairo?

5 Observa de cerca a la mujer. ¿Qué indicaciones hay en este caso

de que la mujer ya no tenía esperanza?

**6** Aparentemente, ¿Qué información tenía con anterioridad acerca de Jesús? ¿Cómo actuó en base a esta información? ¿Cuál fue el resultado?

**7** Imagínate en medio de una multitud, gente empujando, corriendo, tocándose. ¿Qué parecía extraño en el comentario de Jesús en el versículo 30? ¿Cómo vieron los discípulos su pregunta? ¿Qué motivó la pregunta de Jesús?

**8** ¿Qué le costó a Jesús sanar a la mujer? ¿Qué te enseña esto acerca de Jesús?

## Enfocando a la mujer  (5:33,34)

**9** De pronto la mujer se encontró en un aprieto. ¿Cómo respondió a la pregunta insistente de Jesús? ¿Por qué Jesús quiso que la gente supiera la acción de la mujer?

**10** ¿Qué fue, según Jesús, lo que sanó a la mujer? ¿De qué forma ella demostró su fe?

## Reflexionando sobre la fe  (elige una)

**11** ¿En qué se basa tu fe? ¿De qué maneras tu fe te ha favorecido últimamente?

**12** Tener fe es actuar en base a lo que conoces como verdad. ¿Qué cosas conoces como verdad acerca de Jesús? ¿De qué forma estás actuando en base a ellas?

# Estudio 2

## ¿Por qué hacen tanto ruido y lloran?

### Marcos 5:35-43

**Contexto**: El estudio anterior nos abrió el apetito para este pasaje. Jesús estaba en el camino a la casa de Jairo para sanar a su hija moribunda, cuando fue interrumpido por una mujer enferma. La mujer fue sanada, y mientras Jesús todavía le hablaba, algunas personas llegaron desde la casa de Jairo con una mala noticia: "Tu hija ha muerto". Observemos y estudiemos ahora cómo Jesús manejó la situación.

### Notas sobre el pasaje

**5:35** **maestro**: Utilizado en la Biblia para referirse a una persona considerada sabia e instruída en las Escrituras, quien enseñaba al pueblo. Generalmente se le daba el nombre de "rabí".

**5:38** **alboroto**: Conmoción de una multitud, con gritos y vocerío confuso, expresión típica de luto y dolor en culturas antiguas.

### ¿Para qué molestar más al maestro? *(5:35,36)*

1 Lee Marcos 5:35,36. ¿Por qué ya no hacía falta Jesús, según algunas de las personas llegadas de la casa de Jairo? ¿Cómo pudo esta actitud haber afectado a Jairo?

2 Trata de ponerte en el lugar de Jairo. ¿Cómo te hubieras sentido al escuchar a Jesús decir "No tengas miedo, cree solamente"? ¿Cómo crees que la reciente curación de la mujer puede haber afectado la fe de Jairo?

3 ¿Qué aspectos importantes de la fe puedes encontrar en el ejemplo de Jairo (5:21-24,35,36)?

### ¿Por qué lloran y hacen tanto ruido? *(5:37-43)*

4 Ahora lee Marcos 5:37-43. ¿Qué te resulta extraño de lo que dice Jesús en el versículo 39? ¿Con eso quiso decir que la niña en realidad no estaba muerta? Explica.

5 En esta situación, ¿Qué dos reacciones se pueden esperar naturalmente de una persona, pero que, sin embargo, no vemos registradas en la actitud de Jesús antes de resucitar a la niña?

¿Cómo resucitó Jesús a la niña? ¿Qué nos muestra esto acerca de Jesús?

**6** ¿Cómo respondió la gente a este increíble incidente?

**7** ¿Qué razones se te ocurren detrás de la severa orden de Jesús en el versículo 43?

**Para reflexionar** *(elige una)*

**8** Evalúa el tipo de fe que tienes. ¿Dirías que tu fe se compara a la de Jairo? Explica. Piensa en algunas de las cosas que impiden el crecimiento de tu fe. ¿Qué estás haciendo acerca de ellas?

**9** De las situaciones de tu vida actual, piensa en la más difícil para ti. ¿Hasta qué punto Jesús está involucrado en esa situación? ¿De qué manera la parte que Jesús juega en esa situación refleja tu concepto de él?

**Nota:** No estudien este pasaje al menos que hayan terminado de analizar el estudio anterior. "¿Quién me ha tocado la ropa?". Componen una unidad y la progresión es esencial para entender el relato.

# Estudio3

## ¿Así que ustedes tampoco comprenden?

### Marcos 7:1-23

**Contexto**: En los viajes de Jesús, casi siempre, la gente lo seguía. Algunos se acercaban para ser sanados, otros para ser librados de malos espíritus. Pero otros venían para criticar y atacar. Entre estos últimos estaban los aristóctatas religiosos, los fariseos y maestros de la ley.

### Notas sobre el pasaje

**7:1** **Fariseos/escribas (maestros de la ley)**: Se adherían estrictamente a la ley de Moisés y a las tradiciones orales de los judíos.

**7:2** **Inmundo, impuro**: Aquello que era ceremonialmente sucio para los judíos.

**7:4** **Lavar**: No con el objeto de higiene, sino para limpiar ceremonialmente de impureza.

**7:5** **Tradición de los ancianos, o antepasados**: Las enseñanzas de los padres religiosos judíos, consideradas con tanta autoridad como las Escrituras mismas, pero a las que se refirió Jesús como "mandatos o tradiciones de hombres".

**7:11** **Corbán**: Un voto religioso cuyo pago se podía postergar aún hasta después de la muerte. Se abusaba comúnmente de este voto para evadir la responsabilidad de cuidar a los padres ancianos.

**7:21** **Corazón**: En el pensamiento judío, era el centro del ser de la persona.

**7:22** **Insensatez (falta de juicio)**: Vacío moral que trata al pecado como un chiste.

### La autoridad: ¿Tradición humana o mandato divino? (7:1-13)

1 Antes de fijarnos en Marcos 7, escribe una lista de tradiciones religiosas comunes en la sociedad de hoy. ¿Cuáles de ellas crees que llevan más a la gente a alejarse de Dios? ¿Por qué?

2 Ahora lee Marcos 7:1-13. En 7:1-4, ¿qué aprendemos acerca de

los fariseos y escribas (maestros de la ley)? ¿Cuál fue la reacción de ellos al ver que los discípulos comían sin lavarse las manos? **3** Fíjate en el "tono" de su pregunta en el v. 5. ¿Por qué crees que preguntaron a Jesús y no a sus discípulos? **4** ¿Cómo enfrentó Jesús a su actitud crítica, y la objeción implicada? ¿Cómo sacó a la luz su religiosidad torcida? ¿Cuál fue el error fundamental de los fariseos y escribas (maestros de la ley)? **5** Según lo que dijo Jesús, ¿cómo habían rechazado los mandamientos de Dios?

### Reflexionando sobre tradiciones *(elige una)*
**6** ¿Cuál crees que es el lugar apropiado para las tradiciones religiosas? ¿En qué lugar deberían estar con respecto a la Palabra de Dios?

**7** ¿Qué tradiciones familiares o culturales tenemos (no necesariamente religiosas) que nos impiden adorar plenamente a Dios?

### Pureza: Apariencia exterior o realidad interior *(7:14-23)*
**8** Jesús ahora se dirige hacia la gente que lo rodea, explicando más profundamente el error de la posición de los escribas y fariseos. ¿Qué cosas, según Jesús, hacen impuro al hombre? ¿Cuál es la verdadera fuente de la corrupción? ¿En qué sentido las influencias externas, naturales, son capaces realmente de alterar nuestro ser?

**9** Los discípulos no comprendieron lo que dijo Jesús en el v. 15. ¿Cómo se ocupó Jesús de su falta de entendimiento? Comenta el contraste entre la enseñanza radical de Jesús sobre la pureza y el entendimiento de los judíos.

**10** Fíjate en la lista de cosas malas que salen de adentro de nuestros corazones. ¿De qué forma estas cosas nos hacen impuros? ¿Qué nos revelan acerca de nuestra verdadera naturaleza?

### Reflexionando sobre la fuente de la maldad *(elige una)*
**11** Haz una lista de algunas explicaciones modernas sobre el origen de la maldad. ¿Cómo se comparan o contrastan con el diagnóstico que dio Jesús? ¿Por qué podemos creer lo que dijo Jesús?

---

**12** De acuerdo con nuestro estudio, ¿pecamos porque esencialmente somos pecadores, o somos pecadores porque cometemos pecados? Explica.

**13** Si nuestro problema básico es del corazón, entonces ¿qué solución es lo suficientemente radical para cambiarnos del todo? ¿Qué nos dice esto acerca de los esfuerzos puramente humanísticos para cambiar la sociedad?

# Estudio 4

## ¿Quién dice la gente que soy yo?

### Marcos 8:27-33

**Contexto**: Los hechos espectaculares de Jesús, como el alimentar a cinco mil personas y devolver la vista a los ciegos, resultaron en que fuera más y más popular entre la gente. Sin embargo, con su entendimiento penetrante, sabía que ellos comprendían muy poco de su verdadero propósito e identidad. Así es que en camino a Cesarea, preguntó a los discípulos acerca de quién era El, para ellos, y para la gente.

### Notas sobre el pasaje

**8:28** *Juan el bautista*: El primo de Jesús. En ese momento era una figura prominente; predicaba que la gente tenía que arrepentirse como una preparación para la venida del reino de Dios, y del Mesías, el salvador prometido a los Judíos. **Elías**: Uno de los prominentes profetas del Antiguo Testamento quien, según la profecía, iba a regresar en un momento futuro.

**8:29** **Cristo**: Una palabra griega con el mismo significado que "Mesías", el título en hebreo para el Salvador prometido en el Antiguo Testamento. La palabra significa "el ungido".

**8:31** **Hijo del hombre**: Un título que a menudo se aplicaba a sí mismo Jesús.

### Jesús, ¿quién eres? (8:31-33)

1 Lee Marcos 8:27-30. Según los discípulos, ¿qué conceptos variados tenían los demás de Jesús? ¿Qué indicación nos da esto de la popularidad de Jesús?

2 Cuando Jesús preguntó lo mismo a sus discípulos, ¿le parece que estaban satisfechos con la opinión de la gente, o no? ¿Por qué?

3 Según Pedro, ¿cuál era la opinión de los discípulos acerca de Jesús?

4 Note la diferencia entre la opinión de la gente, y la de los discípulos. ¿Cuál, según su parecer, es precisa? ¿Por qué?

## Jesús, ¿tienes que sufrir? *(8:31-33)*

**5** Lee Marcos 8:31-33. ¿Qué cosas inquietantes comenzó Jesús a enseñar a sus discípulos?

**6** ¿Cómo reaccionó Pedro cuando Jesús habló de su futuro sufrimiento? ¿De qué manera la reacción de Pedro revela su comprensión de las implicaciones del hecho de que Jesús era el Cristo?

**7** ¿Cómo trató Jesús a Pedro? ¿En qué sentido estuvo Pedro de parte de la gente, y no de Dios? ¿En qué sentido su comprensión de la obra de Jesús era satánica? ¿A la luz de todo esto, ¿Pedro merecía una reprensión tan severa? Explica.

### Reflexionando sobre quién es Jesús *(escoge una)*

**8** A veces se dice que cuanto más conocemos a una persona, menos la respetamos. Pero en el caso de Jesús, la intimidad con él resultó en la confesión de que verdaderamente era el Cristo. ¿Cómo debe afectar este hecho a tu propia búsqueda más profunda en cuanto a quién es Jesús?

**9** Si Jesús es el Cristo, ¿es realmente importante tu reacción frente a él? ¿Por qué?

**10** ¿En qué maneras la mesianidad de Jesús es muy diferente de lo que esperaríamos generalmente de un superhéroe? ¿Qué nos revela esto en cuanto a lo que cuesta seguir a Jesús?

# Estudio 5

## ¿De qué sirve al hombre ganar el mundo entero, si pierde la vida?

### Marcos 8:34-38

**Contexto**: Jesús enseñó que la esencia de su mesianidad era sufrir en la cruz. Es algo que sus discípulos no podían aceptar. Como los otros judíos de su época, ellos esperaban que el Mesías viniera en gloria y majestad para defender sus sueños nacionalistas, y librarlos del dominio extranjero de Roma. Así que era necesario enseñarles lo que realmente costaría seguirle.

### Notas sobre el pasaje

**8:34**    **Cruz**: El medio de ejecución de los criminales más notorios en la época de Jesús. Muchas veces los criminales eran obligados a llevar al lugar de ejecución la madera sobre la cual estarían colgados. Para la cultura judía, representaba el colmo de vergüenza y dolor. (Dt 21:23)

**8:38**    **Hijo del hombre**: El título que Jesús a menudo utilizaba para sí.

### Calculando el costo

1 Lee Marcos 8:34-38. ¿Cuáles son las tres condiciones que dio Jesús para los que querían seguirle (v. 34)? ¿Qué relación tiene cada una con los demás?

2 ¿A qué se refiere la palabra "cruz" en el v. 34? ¿Qué significa "llevarla"? ¿Qué significaba para Jesús? ¿Qué quería Jesús que significara para sus discípulos? ¿Por qué?

3 ¿Qué significa seguir a Jesús? ¿Qué diferencia hay entre seguir a Jesús, y seguir a una filosofía de vida o un sistema ético?

### Perdiendo, se gana

4 ¿Qué significa "salvar la vida"? ¿Por qué es una lucha en que uno siempre pierde?

5 Explica lo que significa perder la vida por Jesús. ¿Qué es lo que se gana al final?

**6** ¿Qué significa "ganar el mundo entero"? ¿En qué sentido nos lleva a perder la vida?

**7** ¿A qué hecho futuro se refiere Jesús para dar autoridad a su afirmación (v. 38)? Según Jesús, ¿de qué manera una decisión actual en cuanto a él, y a la vida determina ese hecho futuro?

*Reflexionando sobre "seguir". (Escoge una)*

**8** Haz una lista de áreas de tu vida donde tendrías que "negarte a tí mismo" si decidieras seguir a Jesús. Comparadas con las afirmaciones y promesas de Jesús, las cosas que han sido primordiales en tu vida... ¿son más importantes que él?

**9** ¿De qué manera el conocimiento del regreso de Jesús cambia tu actitud hacia él y su Palabra?

# Estudio 6

## ¿Por qué me llamas "bueno"?

## Marcos 10:17-22

**Contexto**: Gente muy diferente venía a Jesús, con preguntas muy variadas. Uno de ellos era un joven rico (Ver Mt 19:22). Detuvo a Jesús en su viaje para preguntarle sobre una preocupación candente en cuanto a la vida y la inmortalidad: "¿Qué debo hacer para heredar la vida eterna?"

### Notas sobre el pasaje

**10:17** **Vida eterna**: La vida nueva, incorruptible, del reino de Dios en el tiempo futuro, y la vida llena, sana que Dios da en la actualidad.

**10:19** **Los mandamientos:** En este caso Jesús menciona solamente los mandamientos que tratan las relaciones entre personas. **No defraudar (no decir mentiras en perjuicio de nadie)**: Normalmente, tomado como el décimo mandamiento. Ver Exodo 20:1-17.

### Un interesado despierto (10:17,18)

1 Lee Marcos 10:17-22. Imagínate en ese lugar. ¿De qué manera el hombre del v. 17 se acercó a Jesús? ¿Cuál sería su primera impresión de él? ¿Qué revela su pregunta en cuanto a su comprensión de cómo lograr la vida eterna?

2 ¿Cómo manejó Jesús su pregunta? ¿Por qué Jesús no respondió directamente a su pregunta? ¿Qué es lo que quería que comprendiera primero? ¿Estarían de acuerdo Jesús y el joven en cuanto a su definición de la palabra "bueno"? Si no, ¿qué diferencia habría?

### Una historia impresionante (10:19,20)

3 En el v.19 Jesús mencionó solamente la segunda parte de los diez mandamientos. ¿Qué revela el joven de sí mismo por medio de su respuesta instantánea?

**4** ¿Dice Jesús que el camino hacia la vida eterna es obedecer a los mandamientos? Explica. ¿Por qué Jesús no nombró los otros mandamientos?

## Lo que faltaba *(10:21,22)*

**5** Observa con cuidado la respuesta personal de Jesús al joven en el v. 21. ¿Qué comprendió Jesús acerca del joven? ¿Cuál fue la respuesta inquietante de Jesús a la pregunta original?. ¿Qué necesidad subyacente percibió Jesús en él? ¿Por qué Jesús puso su enfoque en las posesiones?

**6** Describe la reacción del hombre a la respuesta de Jesús. ¿Por qué Jesús permitió que se fuera sin encontrar la vida eterna?

## Reflexionando sobre el compromiso *(elige una)*

**7** Seguramente el encuentro con Jesús abrió los ojos del joven a muchas cosas que no había conocido acerca de Jesús. ¿Qué cosas nuevas has aprendido de Jesús en este estudio?

**8** ¿Qué cosas específicas en tu vida te impiden comprometerte completamente con Jesús?

# Estudio 7

## ¿Por qué me has abandonado?

### Marcos 15:33-39

**Contexto**: La figura de Jesús sobre la cruz es una figura siempre presente en muchas iglesias católicas o protestantes. De una manera medio vaga e incoherente, se nos dice que él murió por nuestros pecados. Pero raras veces es un hecho que significa algo para la gente de hoy. En este pasaje encontramos a una persona que estuvo presente en la escena misma de la crucifixión de Jesús, y para quien los detalles de ese momento iban teniendo un significado cada vez más profundo en su vida.

## Notas sobre el pasaje

**15:33** *La hora sexta*: Mediodía, hora sexta del día judío que comienza al amanecer. *Hora novena*: Las tres de la tarde.

**15:38** *El velo del templo*: La cortina que separaba el santuario (más íntimo) de las otras partes (más públicas) del templo. Este santuario representaba la presencia de Dios. Para el hebreo, la cortina representaba la absoluta santidad de Dios y su inaccesibilidad.

**15:39** *Centurión*: Un oficial del ejército romano, que tenía 100 hombres bajo su cargo.

## Jesús en agonía (15:33-36)

**1** ¿Por qué crees que murió Jesús?

**2** Lee ahora la historia de Marcos 15:33-39. Trata de oir ese grito fuerte de Jesús. ¿Qué entendieron los soldados al oir ese grito?

**3** ¿Te parece que su grito es meramente la queja amarga de un hombre desesperado y moribundo? ¿Por qué? La Biblia describe a Dios como alguien que no puede contemplar el pecado (Habacuc 1:13). Si Jesús es realmente lo que el Nuevo Testamento afirma que es —el Salvador que puso sobre sí los pecados del mundo y murió por ellos— ¿en qué sentido Dios lo había abandonado?

---

**4** ¿Cuántas indicaciones puedes encontrar en el pasaje de la auténtica humanidad de Jesús?

## Jesús: una manera única de morir (15:37-39)

**5** ¿Cómo murió finalmente Jesús?

**6** ¿Cómo afectó al centurión la manera en que murió Jesús? ¿Qué relación hay entre lo que el centurión pensaba y la manera en que murió Jesús?

## El velo rasgado (15:38)

**7** Aparte de la convicción del centurión, ¿qué otro resultado hubo a causa de la muerte de Jesús? ¿Qué implica este hecho acerca del significado de la muerte de Jesús desde el punto de vista de Dios?

**8** ¿De qué manera este hecho anula la necesidad de que sacerdotes o ministros sirvan de mediadores entre nosotros y Dios?

## Reflexiones sobre el acercarse a Dios

**9** El clamor agonizante de Jesús nos sugiere algo del castigo horrible que el pecado merece delante de un Dios santo. ¿Será ésta una explicación adecuada para tí en cuanto a la necesidad de la muerte de Jesús? ¿Por qué?

**10** Lee Hebreos 10:19-22. ¿Cómo te afecta el conocimiento de que podemos, ahora con confianza y solos, acercarnos al trono de Dios?

# Serie **Dos**

## El Dios que se preocupa

*Dios no se preocupa nada por este mundo —dijo Mario, un estudiante secundario— si no fuera así, ¿por qué el mundo está tan lleno de sufrimiento y miseria?*

**Mateo, Marcos, Lucas y Juan escribieron acerca de un hombre llamado Jesús que se preocupaba profundamente por la gente. Una vez consoló a una viuda cuyo hijo había muerto. En Betania, se conmovió profundamente por la tristeza aguda de sus amigas al morir su hermano. También lloró. Otra vez miles de personas se quedaron escuchándolo hasta el anochecer. Los podría haber despedido hambrientos. Pero tuvo compasión de ellos. Los alimentó. En la ciudad de Jericó no vaciló en comer en la casa de un cobrador de impuestos odiado por la gente. (¡Hasta se autoinvitó a su casa!) Ni sintió rechazo frente a un leproso. Sanó a uno tocándole con sus manos.**

**Mateo, Marcos, Lucas y Juan, todos, dicen que Dios envió a Jesús a compadacerse de nuestro dolor y a lograr una solución. Si ellos tienen razón, entonces puede haber respuesta a la pregunta: "¿Se preocupa Dios?" o "¿Le importa a Dios?"**

*Autores: Rebecca Bondad, Dolores Girao, Flordeliza Ulan*

# Estudio 1

### Jesús tocó a un leproso.

### Marcos 1:40-45

**Contexto**: Jesús comenzó su ministerio de predicación, enseñanza y sanidad en la provincia de Galilea, donde se crió. Pero en poco tiempo más, estaba viajando por todo Israel. En el principio, muchos se acercaban a él principalmente para ser sanados. b Sin embargo, aunque les sanaba con compasión, quería resolver sus problemas internos, fundamentales. Esto lo veremos en el caso que vamos a estudiar ahora acerca de un leproso.

### Notas sobre el pasaje

**1:40,42 Lepra, leproso**: Una persona rechazada por la sociedad, y considerada como impura ceremonialmente por los judíos; así las instrucciones de Jesús en el v. 44 (ver Lv 13:47-49). La lepra incluía varias otras enfermedades de la piel, especialmente enfermedades infecciosas.

**1:44 no decir nada a nadie**: Jesús encargó severamente al leproso para que no dijera nada a nadie de lo que había ocurrido; la popularidad de Jesús crecía cada vez más y quería hacer las cosas con la menos conmoción posible.

### El leproso suplicante

1 Lee Marcos 1:40-45. ¿Qué sabes de la posición social de un leproso en la época de Jesús? ¿A quién de nuestro mundo actual se lo puede comparar con un leproso? Si tú hubieras sido leproso en aquellos días, ¿cómo te hubieras sentido? ¿Cómo se puede distinguir entre las necesidades "externas" y las "internas" de un leproso?

2 ¿Qué aprendemos del leproso cuando observamos su manera de ser y escuchamos sus palabras? Aparentemente, ¿qué sabe él de Jesús?

### El Jesús compasivo

3 Mira de nuevo al v. 41. Trata de visualizar cómo Jesús respondió a la petición del leproso. Describe cómo Jesús lo limpió.

**4** Si hubieras visto a Jesús hacer eso, ¿qué habrías pensado de él?

*Reflexionando sobre ser como un leproso* *(escoge una)*

**5** Tal como el leproso, nosotros también podemos tener necesidades externas, que esconden nuestras profundas necesidades internas. Trata de distinguir entre tus propias necesidades externas e internas. ¿Qué has aprendido de ti mismo? ¿Cómo te puede ayudar Jesús?

**6** ¿Cuáles son las cosas acerca de Jesús que tendrías que aceptar antes de poder responder a él como lo hizo el leproso?

# Estudio 2

## Jesús dijo: "No llores"
## Lucas 7:11-17

**Contex**to: ¡Un muerto que regresa a la vida! ¡Qué espectáculo! Sin embargo Jesús no lo hizo para impresionar a la gente, sino como demostración de la compasión que sentía hacia la viuda.

### Notas sobre el pasaje

**7:11**  Nain: Una ciudad ubicada a unos 40 Km de Capernaúm, donde Jesús recién había sanado a una persona moribunda (Lc 7:1-10).

**7:14**  *tocó la camilla*: a Jesús no le importó la contaminación ritual de la muerte.

### La madre sin esperanza

1 ¿Por qué muchas veces sentimos recelo en involucrarnos con una persona que necesita ser confortada?

2 Lee Lc. 7:11-17. Describe como Lucas, el autor, nos ayuda a visualizar la situación de esta historia (vv. 11,12). ¿Qué diferencias notas entre estos dos grupos de personas que se acercan?

### El Jesús que conforta

3 ¿Qué sentía Jesús hacia la madre? Describe como Jesús, paso a paso, mostró compasión hacia la viuda.

4 ¿Pudo Jesús haber resucitado al joven sin esos preámbulos? Explica.

5 ¿Por qué crees que Jesús se involucró física y emocionalmente en este asunto? ¿Qué habrá sentido la viuda hacia Jesús cuando él le devolvió su hijo?

### Una multitud asustada

6 ¿Qué reacciones notas en la multitud frente a lo que hizo Jesús? ¿Qué clase de "miedo" es? ¿Es lo mismo que sentir miedo a la oscuridad?

**7** ¿Cómo describe Lucas la manera en que "glorificaban a Dios"? ¿Qué impacto hubiera tenido esta noticia en la zona?

***Reflexionando sobre la compasión*** *(Elegir una)*

**8** ¿Qué hemos aprendido acerca de Jesús? ¿De su compasión por la gente? ¿De su manera de comprender lo que la gente siente? ¿Has tenido la experiencia de haber sido confortado por Jesús en momentos de tristeza? ¿Cómo ocurrió?

**9** Escribe los nombres de tres o cuatro personas a quienes ayudar. ¿Qué pasos podrás tomar para confortar a por lo menos una de esas personas?

# Estudio 3

## *Jesús alimenta a cinco mil personas.*
## Marcos 6:30-44

Contexto: Jesús había enviado a sus doce apóstoles a predicar, echar fuera a los demonios y sanar a los enfermos. Luego regresaron en triunfo para contar a Jesús todo lo que habían hecho. Jesús se dio cuenta que estaban cansados, y propuso que fueran a un lugar tranquilo para descansar. Subieron a un barco y partieron ¡para ir al encuentro de una gran multitud!

### Notas sobre el pasaje

**6:37** **doscientos denarios**: Un denario valía el sueldo de un día de trabajo, y posiblemente 200 denarios es todo lo que contenía la tesorería del bando de discípulos.

**6:34** **canastas**: Utilizadas por los judíos para llevar comida, en viaje, y así no comer la comida de los gentiles.

### La multitud como ovejas sin pastor

1 Lee Marcos 6:30-44. Mientras Jesús y los discípulos viajaban para encontrar un lugar tranquilo y descansar, ¿qué hacía la gente? ¿Qué nos enseña ésto acerca de esa multitud?

### Jesús: El Pastor que enseña y alimenta

2 ¿De qué manera el pasaje nos muestra qué sintió Jesús por la gente? Según los vv 34-37 ¿Qué necesidades humanas distintas suplía la compasión de Jesús?

3 Ya que Jesús hubiera podido crear comidas instantáneas para esa multitud con un sencillo batir de manos, ¿por qué los alimentó así? Sigue la manera en que obró por medio de sus discípulos. ¿Qué pasos ves en su manera de obrar?

### Los discípulos: hambrientos y desilusionados

4 Miremos más de cerca a los discípulos. ¿Qué habrán sentido cuando informaron a Jesús de sus logros en el v 30? ¿Como, probablemente, reaccionaron a su oferta de tomar un descanso (v. 31)?

**5** ¿Qué habrán sentido cuando vieron la multitud?

**6** ¿Por qué mencionaron a Jesús que ya era tarde y que la multitud necesitaba comer? Si fueras uno de sus discípulos, ¿te hubieras sentido desilusionado con las respuesta de Jesús (v. 37)?

**7** ¿De qué manera mostraron que no creían que Jesús podía proveer comida para una multitud?

### Reflexionando sobre el Pastor *(elige una)*

**8** ¿Con quienes te es más fácil identificarte, con los discípulos o con la multitud?

**9** ¿De qué maneras Jesús muestra preocupación por las necesidades físicas y espirituales? ¿Qué necesidades tienes en este momento? ¿Te sientes como una oveja sin pastor? ¿Por qué? Jesús desea ser tu pastor. ¿Deseas confiar en él ahora para así suplir tus necesidades?

# Estudio 4

## Jesús lloró.

## Juan 11:1-5 y 28-45

**Contexto:** La muerte y las lágrimas son inseparables. En la ciudad de Naín, Jesús le dijo con compasión a una viuda cuyo hijo acababa de morir: "No llores". En Betania, él mismo lloró por la muerte de un amigo. Buscaremos el significado de esas lágrimas en este estudio.

### Notas sobre el pasaje

**11:1,2** **Betania:** Un pueblo cerca de Jerusalén (Ver 11:18,55 y 12:1).

**11:3** **mandaron a decirle:** Ver 10:40. Jesús evitaba ser visto demasiado por sus enemigos en esos días (ver 10:31). **el que amas (tu amigo):** La palabra griega utilizada aquí **(fileo)** significa el amor entre hermanos, con énfasis en el cariño.

**11:5** **amar:** La palabra griega utilizada aquí **(agapao)** significa el amor divino con énfasis en el amor de Dios hacia la humanidad.

### Algunos amigos especiales de Jesús

**1** Lee Juan 11:1-5. ¿Quiénes eran los tres amigos de Jesús en Betania? ¿Qué sabemos de María? ¿De Lázaro? ¿Cómo describiría la relación que existía entre Marta, María, Lázaro y Jesús? ¿Qué dimensión especial parece haber tenido esa relación?

**2** Cuando Jesús llegó a Betania, Lázaro yacía muerto desde hacía unos cuatro días. Marta salió a su encuentro, y expresó su preocupación. ¿Por qué Jesús no había estado presente para evitar la muerte de Lázaro? Después de conversar con ella acerca de ésto, pidió que llamara a María. Lee ahora esa historia en Jn 11:28-45.

Nota la progresión en la respuesta de María a Jesús en los vv. 28-32. ¿Qué demuestra de su respeto por Jesús?

### Jesús, el amigo que lloró.

**3** Hemos visto la reacción de María hacia Jesús. Ahora veamos la respuesta de Jesús a María y a su situación. ¿Qué sintió Jesús cuando vio llorar a María? ¿Qué nos muestra ésto acerca de Jesús? ¿Cuáles son las razones posibles que explican por qué lloró Jesús?

4 Describe cómo Jesús resucitó a Lázaro. ¿Jesús lo levantó sólo con su poder? ¿Cómo indica ésto el pasaje? ¿Cuál, entonces, fue el propósito de la muerte de Lázaro (Ver 11:4, 25 y 26)?.

**Reflexionando sobre suplir necesidades** *(escoge una)*

5 ¿Cómo ha de sentirse Jesús cuando una persona sufre? ¿Qué desea hacer a nuestro favor cuando sufrimos? Haz el contraste con lo que nosotros normalmente hacemos cuando sufrimos.

6 ¿Cómo podemos imitar a María en su relación con el Señor? ¿Tienes la misma relación con Jesús que la que tenían Marta, María y Lázaro? ¿Por qué?

7 La preocupación de Jesús por nosotros no solamente tiene que ver con nuestro bienestar físico, sino también con nuestro porvenir eterno. ¿Deseas saber como Jesús te puede dar vida eterna? (Si la respuesta es "sí", entonces el coordinador puede resumir el mensaje del evangelio, o regalarle una copia del librito: "Cómo llegar a ser cristiano" por John Stott (Ediciones Certeza)

# Estudio 5

## Jesús comió con un malvado.
### Lucas 19:1-10

Contexto: Durante su último viaje a Jerusalén, Jesús pasó por Jericó donde una multitud grande lo esperaba. Preguntaban: "¿Quién es este Jesús de Nazaret? He oído mucho acerca de él últimamente". Entre ellos se encontraba Zaqueo, el jefe del departamento de recaudación de impuestos.

### Notas sobre el pasaje

**19:1** *Jericó*: Una ciudad próspera al norte de Jerusalén.

**19:2** *cobrador de impuestos (publicano)*: Despreciado por sus compatriotas judíos, por ser colaborador con los odiados conquistadores romanos. Conocidos por su astucia y su falta de honestidad.

**19:7** *pecador*: Para los judíos, una persona que no mantenía ciertos principios morales.

**19:8** *le devolvía cuatro veces más (lo devolvió cuadruplicado)*: Un castigo impuesto por la ley a los que habían robado y tenían que devolver lo robado cuatro veces (Ver Ex 22:1).

**19:9** *salvación*: La entrada al reino de Dios y el privilegio de gozar de sus beneficios.

**19:10** *hijo del hombre*: un título utilizado a menudo por Jesús para referirse a si mismo. *los perdidos*: los que quedan fuera del Reino de Dios e imposibilitados de gozar de sus beneficios.

### Zaqueo: el odiado cobrador de impuestos

**1** Lee Lucas 19:1-10. Describe a Zaqueo (Busca evidencias especialmente en los vv. 1-6)

**2** ¿Qué puede haber sabido ya de Jesús? ¿Por qué piensas que tenía tanto deseo de ver a este Jesús?

**3** ¿Qué actitud tenía la gente hacia Zaqueo? ¿Por qué le llamaban un pecador?

## Jesús: El que ama a los despreciados

**4** Obviamente la gente despreciaba a Zaqueo. Pero ¿qué de Jesús? ¿Cómo trató a Zaqueo? ¿Por qué le trató de esa manera? (¿Piensas que puede haber visto una necesidad más profunda en Zaqueo? ¿Cuál sería?)

**5** ¿Cómo relacionas el propósito de Jesús en venir a este mundo (el v. 10) y su actitud compasiva hacia Zaqueo?

## Zaqueo : El estafador arrepentido

**6** Es muy probable que haya transcurrido un período de tiempo entre los vv. 7 y 8 durante el cual Jesús explicó a Zaqueo cómo podía obtener la salvación. Cualquiera que haya sido ese mensaje, fue convincente. ¿Qué cambio ocurrió en Zaqueo después de haber conocido a Jesús?

## Reflexionando sobre una vida cambiada

**7** Probablemente no eres un cobrador de impuestos como Zaqueo. Pero ¿en qué otras formas has estafado a otras personas? ¿Qué puede hacer Jesús por tí?

**8** Vemos como Zaqueo se arrepintió de su pasada vida pecaminosa. Fíjate como Jesús dijo con claridad que la salvación había llegado a Zaqueo. ¿Has llegado a ese punto de recibir a Jesús personal y gozosamente en tu vida? ¿Por qué? ¿Cuándo? ¿Cómo?

# Serie **Tres**

## Respuestas honestas a preguntas honestas: Diálogos con los que dudan

*Aunque en estos días no faltan las preguntas fundamentales, sí hay una falta de respuestas.* A pesar de *los testimonios de los expertos, los estudios "gubernamentales" y los viajes hacia el espacio, el único éxito parece ser el descubrimiento de más preguntas sin respuestas. En el* Nuevo Testamento, *mucha gente fue a* Jesús *con sus preguntas. Les dio respuestas que ellos esperaban o querían. Vamos a estudiar estas "respuestas honestas a preguntas honestas", no solamente para encontrar ayuda para nuestras preguntas, sino también para nuestros problemas.*

*Autores: Víctor Atallah (Egipto), Christopher Catherwood (Inglaterra), Hugh Craig (Inglaterra), Hugh Goddard (Inglaterra) Pamela Harris (Lebanon), Werner Kromer (Austria), Gillian Martín (Inglaterra), Jo Paluku (Zaire), Wolfgang R. Wiesinger (Austria)*

# Estudio 1

## ¿Cuál es el mandamiento más importante?
## Marcos 12:28-34

**Contexto**: Durante la semana anterior a su muerte, Jesús estuvo en Jerusalén. Le preguntaban muchas cosas con el intento de atraparlo Sin embargo un escriba (maestro de la ley) aparentemente hizo una pregunta sincera.

### Notas sobre el pasaje

**12:28** *discutir* (*disputar*): los escribas se ocupaban en estudiar y enseñar la ley judía. Normalmente dividían los 613 mandamientos en las leyes "pesadas" y las "livianas". Había muchas discusiones acerca de cuáles eran los mandamientos más importantes.

**12:29-31** "*Oye, Israel...*": Esta cita es de Dt 6:4-5 y era el credo
29-31 de Israel que la mayoría de los escribas probablemente rezaban dos veces por día. La segunda cita está en Lv. 19:18.

**12:33** *holocaustos y sacrificios*: El sistema judío de sacrificios todavía existía en esta época. Pero mucho antes los profetas del Antiguo Testamento habían insistido que Dios deseaba un amor, en firme, mucho más que sacrificios. (ver, por ejemplo, Os. 6:6)

**12:34** *el reino de Dios*: Los judíos anticipaban al reino; Dios iba a traer salvación a su pueblo y juicio final a los que le rechazan. El Mesías iba a traer ese reino, y sus seguidores serían sus miembros: "No estar lejos del reino de Dios" significa estar cerca de la salvación que Dios enviaba.

### Dos mandamientos

1 ¿Qué clase de actividades o ritos religiosos son considerados importantes en la actualidad?

2 Lee ahora Mr 12:28-34. ¿Qué impulsó al escriba a preguntar esto a Jesús (v 28)? ¿Te parece que su motivo era atrapar a Jesús? Explica.

3 ¿Qué quería decir Jesús cuando utilizaba ese verbo clave: **amar**? ¿Cuál fue la razón de poner en primer lugar el mandamiento de amar a Dios? ¿De qué manera estos dos mandamientos encierran la totalidad de la vida?

4 ¿Por qué es más importante obedecer estos dos mandamientos que ofrecer holocaustos y sacrificios? ¿De qué manera son estos mandamientos expresiones de la adoración a Dios?

5 ¿Por qué nadie más se atrevía a hacerle preguntas a Jesús? ¿Qué era lo que les impresionaba de Jesús? (de la manera en que respondía a sus preguntas?)

### *Reflexionando sobre la verdadera adoración* *(escoge una)*

6 Jesús dijo que el escriba no estaba lejos del reino de Dios ¿Qué le habrá faltado? ¿A qué distancia del reino estás?

7 La gente de hoy en general no ofrece holocaustos y sacrificios, sin embargo, están involucrados en varios ritos y actividades religiosas, como los mencionados en el principio de este estudio. ¿Cómo pueden estos ritos impedir que amemos a Dios y a los demás?

# Estudio 2

## ¿Qué tienes conmigo, Jesús?

### Marcos 5:1-20

**Contexto:** Antes de este incidente, Jesús había estado enseñando a una multitud por medio de parábolas, acerca del reino de Dios. Después, de una manera dramática, calmó una tormenta que amenazaba las vidas de los discípulos, enseñándoles de esta manera que tenía autoridad no solamente en su enseñanza, sino también sobre la naturaleza. En este pasaje observamos una demostración de su autoridad en otra área.

### Notas sobre el pasaje

**5:1** **Gerasa (de los gadarenos):** una zona ubicada, probablemente, en la orilla este del lago de Galilea.

**5:9,15** **Legión:** Una palabra tomada de la lengua latina, que sugiere una gran cantidad, fuerza, opresión. Aquí significa una multitud de fuerzas malignas que dividían la personalidad del hombre que dominaban. Aparentemente pueden poseer a una persona como si fueran un solo ser, o como muchos.

**5:20** **Decápolis:** Nombre griego que significaba "diez ciudades", que fue dado a la región oriental del río Jordán y del mar de Galilea.

### El hombre poseído por demonios (5:1-5)

**1** ¿Qué razones pueden esconderse detrás del creciente interés actual en lo oculto?

**2** Lee ahora Mr. 5:1-20. Si hubieras estado entre los discípulos, ¿qué sentirías al ver ese hombre que se acercaba?

**3** ¿De qué manera los espíritus demostraban su dominio sobre este hombre?

**4** ¿Qué actitud tenía el hombre hacia sí mismo? ¿Qué actitud tenía la gente hacia él?

### Jesús y Legión (5:6-13)

**5** ¿Cuál fue la reacción inmediata de los espíritus cuando el hombre se acercó a Jesús? ¿Cuál crees que fue su propósito cuando intentó entrar en una discusión con Jesús?

6 ¿Por qué Jesús preguntó el nombre del hombre *después* de haber ordenado la salida de los espíritus? ¿Por qué es significativo que los seres humanos tengamos nombres?

7 ¿Por qué querían los espíritus quedarse en esa región, y más específicamente, entrar en los cerdos?

## Jesús y la gente de la región *(5:14-17)*

8 ¿Por qué Jesús permitió que los espíritus entrasen en los cerdos? Algunos han criticado a Jesús por haber destruído la propiedad de otros en este caso. ¿Te parece una crítica válida? ¿Por qué?

9 ¿Por qué la gente le rogaba a Jesús que saliera de su región? ¿Por qué aceptó salir?

## Jesús y el hombre sanado *(5:18-20)*

10 ¿Por qué el hombre quería irse con Jesús? ¿Por qué Jesús no se lo permitió?

11 Vemos que el hombre se quedó. ¿Cómo evalúas el resultado de ésto?

## Reflexionando acerca de un hombre sanado *(escoge una)*

12 ¿Qué actitud debemos tener hacia lo oculto? ¿Cómo podemos mantener esa actitud?

13 ¿Cuáles son las personas de nuestra comunidad que normalmente consideramos como casos imposibles de ayudar? ¿Cómo podemos aprender a ver a tales personas como seres humanos con valor?

# Estudio **3**

## ¿Cuántas veces deberé perdonar a mi hermano?
## Mateo 18:21-35

**Contexto**: Jesús había enseñado a sus discípulos lo que necesitaban hacer para ser sus seguidores. Una de esas enseñanzas tenía que ver con la manera en que debemos tratar a la persona que nos ha ofendido. Pedro quería estar dispuesto a perdonar.

### Notas sobre el pasaje:

**18:21** *hermano*: Supuestamente un miembro de la comunidad de los que reconocen a Dios como su Padre. *siete veces*: los judíos enseñaban que una persona debía perdonar hasta tres veces, pero no la cuarta vez. Pedro, seguramente sintiéndose muy generoso, más que duplicó el máximo aceptable.

**18:22** *setenta veces siete*: No necesariamente especifica un número preciso, sino que implica que no debe haber límite en el perdón que ofrecemos a otros.

**18:23** *reino de los cielos (algunas versiones)*: Es lo mismo que el "reino de Dios", y se refiere a esa nueva sociedad que Jesús creó. Consta de los salvados por la muerte de Jesús. *siervos (funcionarios)*: Funcionarios altos en el servicio del Emperador. Podían en ciertas ocasiones, pedir grandes préstamos de la tesorería imperial.

**18:24** *talentos (algunas versiones)*: Equivalente al sueldo de 15 años de trabajo. Da la idea de que era *mucho* dinero.

**18:25** *denario (algunas versiones)*: Un denario equivalía al sueldo de un día. Da la idea de poco dinero.

### Ganar y perder el perdón

**1** Cuando alguien te hace mal, ¿por qué es difícil perdonar a esa persona?

**2** Lee Mateo 18: 21-35. ¿Cuál fue tu primera reacción a lo que hizo el siervo cuando obligó a su compañero a pagar su deuda. ¿Por qué?

**3** ¿Era justo el castigo del rey en los vv. 32-34? ¿Por qué? ¿Por qué el siervo tendría que haber perdonado la deuda de su compañero?

**4** En resumen ¿cómo es el carácter de (1) el rey? (2) el siervo que no perdonó?

**5** En esta parábola, ¿a quién personifica el rey? ¿A quiénes personificaban los siervos? ¿Qué representa la deuda grande que el siervo debía a su amo?

**6** ¿De qué manera responde ésta parábola a la pregunta de Pedro?

## Reflexionando sobre el perdón

**7** ¿Qué significa perdonar a nuestro hermano desde el corazón? ¿Quién es nuestro hermano?

**8** ¿Cómo es nuestra situación si no perdonamos a nuestro hermano? (Mt 6:12-15)

**9** ¿Debemos algo a Cristo? Si es así, ¿cómo se lo vamos a pagar?

# Estudio **4**

## ¿Qué debo hacer para alcanzar la vida eterna?
### Marcos 10:17-22

**Contexto:** Ya que Jesús era un maestro conocido, muchas personas se le acercaron con sus preguntas. En este pasaje un hombre rico (Mt 19:22 dice que era joven y Lc 18:18 que era dirigente) busca una respuesta clara y precisa acerca de cómo conseguir la vida eterna.

### Notas sobre el pasaje

**10:17**  *maestro*: Originalmente "rabí", o "maestro de la ley", no implica que la persona haya alcanzado cierto nivel académico.

*vida eterna*: vida abundante en la presencia de Dios, la palabra implica calidad además de cantidad.

**10:19**  *los mandamientos*: los que Moisés recibió de Dios en el monte Sinaí.

**10:22**  *triste*: Es el único pasaje del Nuevo Testamento donde una persona salió triste de la presencia de Jesús.

### Una lucha para ganar la vida eterna

**1** ¿Qué importancia tienen para tí las posesiones?

**2** Lee ahora Mr. 10:17-22. ¿Cómo era la actitud del hombre hacia Jesús?

**3** ¿Qué revela su pregunta en cuanto a su comprensión de cómo alcanzar la vida eterna?

**4** ¿Qué pensaba de si mismo? ¿Piensas que era orgulloso? Explica tu respuesta.

**5** ¿Por qué se sintió desanimado con la respuesta de Jesús?

### Una respuesta cariñosa y radical

**6** Examina la respuesta de Jesús. ¿Qué quería implicar con la primera parte de su respuesta en el v. 18? ¿Estaba negando su deidad? Explica tu respuesta.

**7** ¿Por qué Jesús se refirió solamente a los mandamientos que tratan las relaciones sociales? ¿Cuáles eran los mandamientos que obviamente omitió? (Ver Exodo 20:1-7 y Marcos 12:18-34, el primer estudio de ésta serie) ¿Por qué?

## La gracia divina y el legalismo humano

**8** ¿Qué aprendes de Jesús acerca de la naturaleza humana? ¿Acerca del reino de Dios?

**9** Traduce la respuesta de Jesús acerca de cómo alcanzar la vida eterna, a un lenguaje moderno, adecuándolo a nuestra cultura.

## Reflexionando sobre las riquezas

**10** ¿Cuáles son las actitudes comunes hacia las riquezas en la actualidad? ¿Son las posesiones impedimentos para el conocimiento de Dios? ¿Qué otras cosas pueden interferir entre nosotros y Dios?

**11** ¿Sobre qué base podemos heredar vida eterna en la actualidad? ¿Es posible estar seguro de que lo hayamos recibido de Dios? ¿Cómo es posible?

**12** Si hemos enfrentado la verdad de Jesucristo, y luego nos apartamos de él, ¿cuáles son las consecuencias?

# Estudio 5

## ¿Y quién podrá salvarse?
## Marcos 10:23-31

**Contexto**: Como vimos en el estudio anterior, Jesús acaba de responder al joven rico, diciéndole que debía vender sus posesiones y regalarlo todo a los pobres. Pero el hombre se fue, triste. Jesús ahora se dirige a sus discípulos, quienes seguramente escucharon la conversación entre Jesús y el hombre rico.

### Notas sobre el pasaje

**10:23** *reino de Dios*: El reino de los que obedecen a Dios, y confían en él, los que viven según sus leyes. Ver las notas de los estudios 1 y 2.

**10:30** *en el mundo (siglo) venidero*: el momento en que Jesús hará nuevas todas las cosas.

**1** Lee Marcos 10:23-31. ¿Por qué piensas que Jesús dijo que es difícil para un hombre rico entrar en el reino de Dios? ¿Estaba en contra de las riquezas o en desacuerdo con las mismas? ¿Quién, entonces, se puede salvar? (10:23-26)

**2** Nota que los discípulos quedaron asombrados dos veces por lo que Jesús dijo en cuanto a cómo entrar en el reino de Dios. ¿Qué nos muestra eso acerca de sus actitudes hacia las riquezas?

### Servir a dos maestros (10:26-31)

**3** Aparentemente, ¿qué entienden los discípulos por el término "salvado"? Jesús no respondió directamente a su pregunta. Pero vemos evidencias de lo que sería su respuesta en todo el pasaje. ¿Cuáles son? Ver también 10:17-22. En resúmen, ¿cuál sería la respuesta de Jesús?

**4** Nota la reacción de Pedro a la respuesta de Jesús. ¿Qué pueden haber sentido y pensado de él y sus compañeros cuando dijo eso (v. 28)?

**5** Según Jesús, ¿qué costo tiene el discipulado? ¿Qué les promete a los que le siguen hasta el final del camino?

**6** En términos prácticos, literales, ¿que quería decir Jesús con las palabras de los vv. 29 y 30?

### *Reflexionando sobre la salvación*

**7** ¿Qué clase de salvación cree la gente que necesitamos hoy? Haz el contraste con lo que Jesús dijo que necesitamos.

**8** ¿Qué significado tiene para nuestras vidas el hecho de que Dios puede hacer lo que es imposible para nosotros?

# Estudio 6

## ¿Cómo puede un hombre volver a nacer siendo viejo?
### Juan 3:1-15

**Contexto**: Jesús recién había comenzado su ministerio cuando se encontró con Nicodemo, pero sus milagros y enseñanza ya habían impactado en la gente. Muchos comenzaron a seguir a Jesús, pero les faltaba sinceridad. Otros fueron estimulados a pensar seriamente.

### Notas sobre el pasaje

**3:1**      *Fariseos*: Miembros de un partido religioso judío quienes se destacaban por su acatamiento a las leyes mosaicas y a las tradiciones.

**3:3**      *el reino de Dios*: ver las notas para los estudios 1,3 y 5.

**3:13**      *el Hijo del Hombre*: Un título que Jesús a menudo utilizaba para sí mismo; un título mesiánico tomado de Daniel 7:13,14.

**3:14**      *como Moisés levantó la serpiente*: Esta ilustración viene de Números 21:4-9.

### Nicodemo, el investigador secreto

1 Lee Juan 3:1-15. ¿Qué aprendemos acerca de Nicodemo? ¿Por qué vino a Jesús? ¿Por qué piensas que vino de noche?

2 Nicodemo, fariseo y líder entre los judíos, había llegado a la posición más alta de su religión, tenía un conocimiento pleno de las Escrituras, tenía autoridad. Ahora buscaba sabiduría de parte de una persona que, en un sentido, era un "marginado". ¿Cuáles pueden ser algunas de las causas de su insatisfacción?

3 Según el pasaje ¿qué creía ya acerca de Jesús? Nota su reacción en cada paso de la enseñanza de Jesús. Aparentemente ¿qué es lo que le preocupó?

### Jesús, el maestro perceptivo

4 ¿Por qué Jesús respondió de una manera tan extraña a lo primero que dijo Nicodemo? Básicamente, ¿qué es lo que Nicodemo tenía que comprender?

**5** ¿Cuál es la idea principal de la ilustración que Jesús utilizó en el v. 8?

**6** ¿De qué manera la segunda ilustración del v. 14 aclara lo que estaba enseñando acerca del nuevo nacimiento?

**7** ¿Cómo resumiría el mensaje de Jesús a Nicodemo?

### Reflexionando sobre el renacimiento

**8** ¿Cuáles son algunas de las insatisfacciones que tiene mucha gente respetable, y hasta religiosa? ¿Puedes pensar en un caso en particular, y explicar cómo la enseñanza de Jesús se aplica a esa persona?

**9** ¿Cuál es tu trasfondo religioso? ¿De qué manera esto te ayuda o no a comprender lo que Jesús enseña acerca del nacimiento espiritual? ¿Nos preocupamos nosotros, como Nicodemo, en averiguar lo que realmente es la verdad?

# Estudio 7

## ¿Cómo vamos a saber el camino?

### Juan 14:1-14

**Contexto**: Este pasaje nos da la parte central del discurso de "despedida" de Jesús a sus doce seguidores más íntimos. El había dicho que los iba a dejar pronto, como consecuencia le preguntaban adónde iba. Estaban confundidos por todo lo ocurrido, y todavía no comprenden todo lo que Jesús había dicho de sí mismo. Jesús está completamente consciente de que va a morir y resucitar de nuevo.

### Notas sobre el pasaje

**14:2** *En la casa de mi Padre*: El lugar de donde procedió Jesús y a donde estaba por regresar. Jesús afirma aquí de manera única que Dios es su Padre.

**14:5** *Tomás*: uno de los doce apóstoles que Jesús escogió, quien ha tenido la fama de ser "Tomás el escéptico" porque dudaba de lo que Jesús enseñaba especialmente acerca de la resurrección. Ver Juan 11:16 y 20:24,25.

**14:8** *Felipe*: otro de los doce, conocido por ser muy pragmático.

**14:11** *las obras*: incluyen los milagros de sanar, alimentar a los hambrientos y otras demostraciones de su autoridad sobre la vida.

### Tomás : "¿Cómo podemos conocer el camino?" (14:1-7)

1 Lee Juan 14:1-7. Si hubieras estado entre los discípulos, escuchando lo que Jesús dijo en los vv. 1-5 ¿qué habrías sentido? ¿Qué habrías pensado? ¿Por qué?

2 ¿Por qué era tan importante para Tomás saber adónde iba Jesús?

3 ¿Cuál puede ser el significado de lo que Jesús dijo en el v. 3, cuando habló de venir para llevarlos consigo?

4 En el contexto de este pasaje, ¿qué significaba el término "el camino" usado por Jesús?

### Felipe: "¿Cuándo podemos ver a Dios?" (14:8-11)

5 Lee Juan 14:8-11. Felipe (y probablemente los demás discípulos) no entendían completamente lo que Jesús quiso decir en el v. 7.

Sin embargo ¡había estado al lado de Jesús casi todos los días durante más de 2 años! ¿Qué te parece?

**6** ¿Qué les dice Jesús acerca de su relación con Dios? ¿Qué es revelado acerca de su relación con Dios en lo que dijo en el v. 10?

**7** ¿Cómo, entonces, responde Jesús a la pregunta de Felipe?

***Jesús: las consecuencias de creer en él (14:12-14)***

**8** Lee Juan 14:12-14. ¿Cómo amplía Jesús su respuesta a las preguntas anteriores?

**9** ¿Qué quiere decir "las obras mayores" (más grandes) en el v. 12?

**10** ¿Qué desafío hay en el v. 12?

**Reflexionando sobre quién es Jesús**

**11** Compare lo que dijo Jesús de sí mismo, y lo que sus seguidores pensaban de él. La imagen actual que la gente tiene de Jesús, ¿se acerca más a la imagen que tenían de él sus discípulos?

**12** Para la gente de hoy ¿qué quiere decir "seguir a Jesús"? Haz una comparación y un contraste con lo que Jesús dijo. ¿Deseas seguir a Jesús? ¿Por qué?

# Estudio **8**

## ¿No temes a Dios?
### Lucas 23:32-49

**Contexto**: Jesús ha sido condenado por Pilato, el gobernador romano de Jerusalém, para ser crucificado. Los dirigentes religiosos y el pueblo persuadió a Pilato para que lo hiciera, aunque él mismo no había encontrado una acusación justa.

### Notas sobre el pasaje

**23:33** *la Calavera*: El lugar fuera de Jerusalém donde se ejecutaban los criminales.

**23:35** *Cristo (algunas versiones)*: La palabra griega significa "Mesías" (una palabra hebrea), el Antiguo Testamento profetizaba que el Mesías venía para establecer el reino de Dios.

**23:37** *Rey de los Judíos*: lo que los judíos esperaban era un rey político quien les salvaría de la dominación romana, no un salvador espiritual.

**23:45** *el velo del templo*: la cortina que separaba el santuario más íntimo de las otras partes del templo. El santuario representaba la presencia de Dios para el hebreo, el "velo" significaba que Dios era absolutamente santo e inaccesible por parte del hombre.

### Se burlan de Jesús *(23:32-43)*

1 Lee Lucas 23:32-43. ¿Cuántas veces habla Jesús en este pasaje?

2 ¿Cómo reacciona hacia sus asesinos?

3 ¿Qué diferencias notas entre la burla de los dirigentes, los soldados y las palabras del primer criminal? ¿Qué motivo tiene cada grupo para reírse de Jesús?

4 ¿Cómo responde Jesús a las burlas?

### Una petición para Jesús *(23: 39-43)*

5 ¿Cómo responde el segundo criminal a la burla del primero? ¿Qué reconoce en cuanto a su propia crucifixión y la del otro criminal?

**6** ¿Qué reconoce acerca de Jesús? ¿Qué significado tiene su último pedido?

## Las primeras reacciones después de la muerte de Jesús (23:44-49)

**7** Lee Lucas 23:44-49. ¿Qué hay de inusual en la reacción del Centurión después de la muerte de Jesús? ¿Qué dice ésto en cuanto a su fe?

**8** De las muchas personas alrededor de la cruz, ¿con cuáles te sientes más identificado: el centurión, las multitudes, los amigos de Jesús, las mujeres que habían seguido a Jesús, los dirigentes, los soldados, uno de los criminales? Explica tu respuesta.

## Reflexionando sobre la muerte de Jesús

**9** ¿Cómo habrías reaccionado si te hubieran clavado en una cruz al lado de Jesús?

**10** ¿Qué relación existe entre la muerte de Jesús y el velo rasgado en el templo? ¿Quiénes clavaron a Jesús en la cruz: los romanos, los judíos o nosotros? ¿Qué debe significar, entonces, para nosotros la muerte de Jesús en la cruz?

# Estudio **9**

## ¿Quién nos quitará la piedra?
## Marcos 16:1-20

**Contexto:** Jesús recién había sido crucificado y todos sus seguidores están en un estado depresivo. Se sienten perdidos sin la persona que había sido el centro de sus vidas durante tres años. Fue aplastada su esperanza en el establecimiento del Reino de Dios.

### Notas sobre el pasaje

**16:1** **Especias (perfumes):** Solían ungir el cuerpo con especias para guardarlo en el mejor estado posible.

**16:2** **el primer día de la semana:** El domingo, los cristianos lo celebramos como el día cuando Jesús resucitó de los muertos.

**16:3** **piedra:** El sepulcro era una cueva cortada en la roca y tapada con una piedra grande.

**16:5** **joven:** por lo general se presume que era un ángel.

**16:8** La mayoría de los manuscritos más antiguos terminan aquí. Sin embargo, puesto que los vv. 9-20 acuerdan con los otros evangelios, serán incluídos en este estudio de la resurrección.

**16:11** **no le creyeron:** Habían olvidado sus profecías (Mr 8: 31-32; 10:33-34)

**16:12** **dos de ellos:** Probablemente Cleofas y el "discípulo desconocido". Ver Lucas 24:13-35.

**16:16** **bautizado:** una señal del lavamiento de los pecados a consecuencia de la conversión, y la nueva vida resultante de parte de Dios.

### Discípulos incrédulos

**1** Lee Marcos 16:1-20. Ahora lee Mr 8:31-32 y 10:33,34. Trata de visualizar a las mujeres acercándose a la tumba de Jesús. Trata de comprender su depresión. Pero ¿Por qué estaban deprimidos si Jesús les había afirmado específica y repetidamente que se levantaría de entre los muertos después de tres días?

**2** ¿Por qué crees que tuvieron miedo cuando el ángel les dijo que Jesús sí había resucitado? Compara las instrucciones del ángel en el v. 7 con el silencio de las mujeres en el v. 8 ¿Qué temían?

**3** Aparentemente, ¿qué impide a los discípulos aceptar el aviso de María Magdalena acerca de la resurrección (v. 11)? ¿Qué era su "incredulidad y dureza de corazón" (falta de fe y terquedad) (v. 14)? ¿De qué manera habían malentendido la misión de Cristo aquí en la tierra? ¿Qué concepto erróneo tenían de Cristo mismo?

**4** A pesar de su incredulidad, el Cristo resucitado se les aparece claramente y les encomienda la obra de su reino. Según los vv. 15 y 16, ¿qué les manda hacer?

### Reflexionando sobre la resurrección

**5** ¿Piensa la gente en la actualidad que la resurrección de Jesús realmente ocurrió? ¿Cuál es el razonamiento más común del hecho?

**6** ¿Por qué la resurrección de Jesús es un elemento tan esencial de la enseñanza cristiana? ¿Qué implica para nosotros hoy?

**7** ¿Por qué la fe es tan esencial (v. 16)? ¿Por qué es importante el estar abiertos a ideas que no concuerdan completamente con nuestros preconceptos? ¿Cómo debemos responder si esas ideas resultan ser verdaderas?

# Serie **4**

## Pedro, amigo y enemigo de Jesús

*Sin ninguna duda, si existía un discípulo que profesaba un compromiso y una devoción fuertes a Jesús, era Simón Pedro. De su corazón y labios brotaban afirmaciones notables: "Eres el Cristo", "¿A quién iremos? Tú tienes palabras de vida eterna". Cuando Jesús predijo la negación de Pedro, éste prometió: "Señor estoy dispuesto a seguirte a la cárcel o a la muerte".*

*Era el prominente entre los discípulos. Era su portavoz y representante. Era el primero en responder cuando vieron al Señor caminar sobre el agua: "Señor, si eres tú, ordena que yo vaya hasta tí sobre el agua."*

*Pero este Pedro, impulsivo, confiado en sí, agresivo y valiente, es el mismo que comenzó a hundirse cuando vio las olas mientras caminaba hacia Jesús, y no sólo eso, negó a Jesús tres veces en la noche de su traición. De veras, tal como las afirmaciones de lealtad de parte de Pedro eran las más fuertes, así también su rechazo de Jesús fue el más explícito.*

*Pero Jesús mismo oraba para que la fe de Pedro no fallara. Por medio de su amor y gracia la vida de Pedro se transformó. Y esas mismas promesas y transformación se ofrecen libremente a toda persona, que, como Pedro, en un momento es amigo de Jesús y en otro su enemigo.*

*Autores: Jane Galazzo, Jimmy Ledesma, Elvira Vida*

---

# Estudio 1

## De pescadores de peces, a pescadores de hombres.
### Lucas 5:1-11

**Contexto:** Jesús había hecho muchos milagros y sanado muchas personas, incluso a la suegra de Pedro. Hasta este momento, Pedro había sido solamente un observador de los milagros de Jesús. Pero en este pasaje, lo vemos como un participante activo.

### Notas sobre el pasaje

**5:1**     *Genesaret*: otro nombre para Galilea.

**5:4,5**     *parte honda (mar adentro) ...toda la noche*: De noche, la mejor pesca estaba en la parte honda del lago; de día, en las partes de menos profundidad.

**5:8**     *Simón Pedro*: Recién en Lucas, Pedro recibe su nombre completo (ver 6:14), ya que estaba en condiciones de recibir un nuevo nombre solamente en el momento de su llamado. No era necesariamente más pecador que otra gente, pero sentía ese temor que toda persona debe sentir en la presencia de lo divino.

### Una pesca grande

**1** Lee Lucas 5:1-11. ¿Por qué tanta gente venía a escuchar a Jesús? ¿Por qué crees que, frente a esa multitud, subió Jesús al barco?

**2** ¿Qué puede haber sabido Jesús, probablemente, del problema que tenía Pedro (note el v. 2). ¿Por qué había escogido el barco de Pedro?

**3** Obviamente, Pedro obedeció sin vacilar a las instrucciones de Jesús en el v. 3. Pero ¿cómo reaccionó al mandato de Jesús en el v. 4?

**4** Piensa en la situación de Pedro y los otros pescadores después de una noche de pesca sin éxito. ¿Cómo se habrán sentido al oir semejante mandato de parte de alguien que no era pescador? ¿Por qué, a pesar de eso, obedeció Pedro?

**5** Describe los resultados de la obediencia de Simón (vv. 6-8) Si hubieras estado en el barco esa mañana, ¿cómo hubieras reaccionado? ¿Por qué Pedro reaccionó de esa manera frente a una pesca tan grande?

**6** ¿Qué pide Jesús a los pescadores en el v. 10? ¿Cuál fue su decisión inmediata en respuesta al llamado de Jesús? ¿Qué implica el hecho de seguir a Jesús? ¿Qué implicaba para la mayoría de los pescadores?

**7** Si decidieras dejar todo y seguir a Jesús, ¿qué abarcaría tu decisión?

**8** ¿Qué actitud demostraban estos pescadores hacia Jesús? ¿Qué actitud tienes hacia Jesús?

*Reflexionando sobre dejar todo* *(escoge una)*

**9** ¿Qué encontramos en Jesús que ha de convencernos que le debemos dar más valor a él que a cualquier otra cosa en nuestras vidas? ¿Qué diferencia creará esto en nuestros estudios, relaciones familiares, amistades, ambiciones y los deseos íntimos de nuestras vidas?

**10** Mírate bien a ti mismo. ¿Qué ves? Escribe una carta corta a Jesús contándole cómo le ves a él a través de este incidente, y qué deseas que él haga para ti.

# Estudio **2**

## ¿Por qué dudaste?

## Mateo 14:22-33

**Contexto:** Pedro ha visto de Jesús el milagro de la pesca grande, además de la alimentación de más de cinco mil personas y otros milagros. Seguramente sabe ya que Jesús tiene poderes sobrenaturales. Pero vamos a ver cómo se porta en la siguiente situación. En esta escena, los discípulos están cruzando el lago; Jesús los había enviado solos después de la alimentación milagrosa.

### Notas sobre el pasaje

**14:24,30  *el viento*:** Indica una tormenta inesperada que amenazaba aún a éstos pescadores experimentados.

**14:25  *la cuarta vigilia de la noche* (*algunas versiones*):** Entre las tres y las seis de la mañana.

### Dijo "ven"

1 ¿Qué temores o situaciones difíciles te encuentras atravesando ahora?

2 Lee Mateo 14:22-33. Después de un día largo y cansador, de tratar con multitudes de personas, nosotros tendríamos ganas de ir directamente a la cama. Pero ¿qué hizo Jesús? ¿Qué nos enseña ésto acerca de las prioridades de Jesús?

3 Dejemos ahora esta escena de Jesús en los cerros y bajemos al lago donde están los discípulos. Describe su situación. ¿Cómo se habrán sentido? ¿De qué hablaban? ¿Cómo habría sido la expresión de sus caras?

4 De repente, se asustaron aún más. ¿Por qué?

5 ¿Cómo Jesús calmó sus temores? La corta expresión acerca de sí mismo en el v. 27 implica mucho. ¿Qué intentó comunicarles?

6 ¿Qué más enseña la acción de Pedro acerca de su carácter? Pronto comenzó a hundirse. Examina la causa (vv. 30,31). ¿De qué maneras somos como Pedro en la forma en que reaccionamos a situaciones peligrosas o difíciles?

**7** Nota cómo Jesús inmediatamente buscó la mano de Pedro. ¿Qué es lo que Pedro reconoció primero, antes de que Jesús le salvara? ¿Cuál fue el reproche de Jesús? ¿Cuál fue la reacción de los discípulos a Jesús?

### Reflexionando sobre los temores *(escoge una)*

**8** Piensa en los temores que mencionaste en el principio del estudio. Según este pasaje, ¿cómo debes verlos ahora?

**9** Piensa en tu relación actual con Jesús. ¿Le has adorado personalmente como el Señor de tu vida, o ha sido una adoración de un Dios distante? Explica.

# Estudio 3

## ¿A quién podemos ir?
### Juan 6:60-71

**Contexto:** Después de que Jesús alimentó a una multitud, le siguieron hasta la otra orilla del lago. Sin embargo, su motivo en seguir es completamente egoísta. Ven a Jesús sencillamente como uno que les puede proveer alimentos y otras necesidades materiales. Jesús corrige ese concepto, y declara que él es el Pan viviente de Dios. En este estudio, vemos el impacto de esta afirmación en la gente.

### Notas sobre el pasaje

**6:60** *"Dura es esta palabra" (algunas versiones)*: Se refiere a la discusión previa en los vv. 52-59. Tomando las palabras de Jesús en sentido literal, no entendían su significado.

**6:62** *subir*: Refiere a su resurrección y regreso al cielo.

**6:63** *el cuerpo no aprovecha (la carne para nada aprovecha)*: Solamente una respuesta espiritual a las palabras de Jesús puede resultar en la vida espiritual. Solamente el Espíritu Santo puede crear una respuesta espiritual a las palabras de Jesús.

**6:69** *el Santo de Dios (el Hijo del Dios viviente)*: un reconocimiento de que Jesús es el escogido por Dios para traer vida eterna a la humanidad.

### Decisiones acerca de la vida eterna

**1** ¿A dónde va la gente, o a quién o a qué miran cuando buscan vida eterna (propósito, sentido verdadero de la vida)?

**2** Lee ahora Jn 6:60-71 para ver otras reacciones. ¿Cuál fue la reacción de muchos de los discípulos a las enseñanzas de Jesús (vv. 60-61)? ¿Por qué? ¿Cómo se sentiría Jesús, según tu parecer, cuando hizo esa pregunta?

**3** ¿Qué afirmación hizo Jesús acerca de su propia enseñanza (v. 63)? ¿Qué había en la enseñanza de Jesús que creó problemas para los discípulos que querían seguirle?

**4** Jesús luego, se dirigió a los doce apóstoles y les hizo una pregunta crucial (v. 67). ¿Cómo describirías la actitud de Jesús hacia las elecciones o decisiones que la gente hace en cuanto a la vida eterna?

**5** Cuando Pedro habló de parte de los apóstoles, ¿qué había llegado a comprender Pedro acerca de Jesús hasta ese momento? ¿Cómo veía ahora las enseñanzas de Jesús? ¿Cómo piensas que Pedro llegó a esa conclusión?

**6** Las palabras de Jesús revelan quién es. ¿Qué importancia —o falta de importancia— tienen las palabras de Jesús en nuestras vidas? Da ejemplos.

**7** ¿Qué sabía Jesús acerca de la futura elección de Judas? ¿De qué manera Judas puede haber revelado que sus motivos era malos? ¿Qué nos dicen los vv. 70 y 71 acerca de la decisión de uno que profesaba seguir a Jesucristo?

### *Reflexionando sobre la vida eterna* (escoge una)

**8** Si hubieras estado en el lugar de los apóstoles, ¿cómo responderías a las enseñanzas de Jesús?

**9** ¿Dónde encontró Pedro la vida eterna? ¿Dónde estás encontrando tú la vida eterna?

# Estudio **4**

## *Eres el Cristo.*
## *Mateo* 16:13-22

**Contexto**: Jesús se dio cuenta de que la oposición contra él de parte de los dirigentes religiosos crecía. Llevó sus discípulos a Cesarea de Filipo, lejos de los líderes religiosos hostiles, y les preguntó: ¿Quién dice la gente que soy?

### *Notas sobre el pasaje*

**16:13** **Hijo del Hombre**: Un nombre que Jesús se aplicó a sí mismo para describir su carácter y misión (ver Daniel 7:13,14).

**16:14** *profeta*: Una persona especialmente escogida por Dios para **proclamar** la Palabra de Dios a la gente, y **predecir** los eventos futuros.

**16:16** **Cristo (algunas versiones):** La palabra griega que significa Mesías (hebreo), que quiere decir literalmente "el ungido". Es el título oficial para el libertador político que los judíos esperaban.

**16:18** *piedra*: Aquí en el griego original hay un juego de palabras. La primera "piedra" es **petros**, que significa una piedra (se traduce como Pedro). La segunda "piedra" es **petra,** que significa una roca grande (aquí traducido "piedra" en algunas versiones, y "roca" en otras).

**16:19** *las llaves*: Simbolizan la autoridad importante de un mayordomo, no la de un portero. Son las llaves de conocimiento que Cristo confía a los que predican el evangelio y así abren el reino de Dios a todos los creyentes.

### *"Quién dicen que soy yo"*

1 Mira de nuevo a los estudios anteriores. Cómo describirías la relación entre Jesús y sus discípulos en este momento? ¿Qué es lo que sabían acerca de Jesús?

2 Lee ahora Mateo 16:13-20 ¿Por qué piensas que Jesús hizo la pregunta del v. 13? A la luz de las respuestas de los discípulos, ¿qué pensaba la gente de Jesús? ¿Qué revelan esas mismas respues-

tas en cuanto al impacto de Jesús en la gente?

**3** Luego Jesús hizo la misma pregunta directamente a los discípulos. ¿Qué pensaba Pedro de Cristo? ¿Qué diferencia había entre su respuesta y las otras?

**4** ¿Qué estorbos tuvo que vencer Pedro para llegar a hacer esa confesión? (Recuerda que Pedro era judío, y para los judíos el Mesías era un libertador político).

**5** ¿Cómo llegó Pedro a esa conclusión en cuanto a Jesús (v. 17)? En base a la confesión de Pedro ¿qué le prometió Jesús? ¿Qué autoridad le dio a Pedro?

**6** Después de ese reconocimiento de parte de los discípulos, Jesús podía revelar más acerca de sí mismo. ¿Qué reveló a sus discípulos? ¿Cómo reaccionó Pedro a la afirmación de Cristo?

Nota el contraste entre lo que Pedro entendió de la persona de Jesús, y su comprensión de su misión (v. 22). Jesús a la vez, reprendió a Pedro. ¿Cuál fue la causa de esa diferencia según tu parecer? ¿Qué reveló Jesús en cuanto a su actitud hacia su propia muerte?

### Reflexionando sobre quién es Jesús *(escoge una)*

**7** ¿Cuáles son hoy en día algunas de las ideas comunes acerca de quién es Jesús? ¿Qué piensas personalmente de Jesús? ¿Cómo llegaste a esas conclusiones?

**8** Se ha dicho que Jesús es "el hombre a quién no se puede ignorar". A la luz de las afirmaciones fantásticas de Jesús acerca de sí mismo, nadie puede pretender ser indiferente frente a él (ver también Jn 11:25-26; 14:6) ¿Por qué es importante saber quién es Jesús? ¿Cómo puede el conocimiento de quién es Jesús afectar nuestras vidas? ¿Qué pasará con nosotros si conocemos a Cristo realmente?

# Estudio 5

## ¿Cuántas veces debo perdonar?
## Mateo 18:21-35

**Contexto**: Jesús había enseñado de cómo mantener relaciones sanas entre los discípulos. Específicamente, enseñó que si un hermano peca contra otro, el que recibió el mal debería ir y hablarle al otro de su falla (Mt 18:15-17). Estas amonestaciones provocaron a Pedro a preguntar: "¿Cuántas veces debo perdonar a mi hermano si peca contra mí?", una pregunta que fácilmente haríamos nosotros también.

### Notas sobre el pasaje

**18:22** *setenta veces siete*: La expresión no implica exactamente 490 veces sino el perdón sin límites.

**18:23** *siervos (algunas versiones)*: Funcionarios importantes en el servicio del Emperador, algunos de los cuales recibirían ocasionalmente préstamos grandes de la tesorería imperial.

**18:24** *diez mil talentos*: equivalente al sueldo de 15 años de labor.

**18:28** *cien denarios*: Un denario era equivalente al sueldo de un día.

### Un cuento acerca del perdón

**1** Para tí, ¿qué significa la palabra "perdón"?

**2** Lee Mateo 18:21-35. La tradición judía enseñó que era correcto perdonar hasta tres veces, pero no más. ¿Qué puede haber pensado y sentido Pedro cuando preguntó a Jesús: "¿...cuántas veces deberé perdonar a mi hermano, si me hace algo malo? ¿Hasta siete?"

**3** ¿Cómo responde Jesús? ¿Estaba hablando literalmente? Si no, ¿qué quiso decir con esa respuesta extraña?

**4** Jesús utilizó una parábola para ilustrar el significado del perdón. Haz un contraste entre la manera en que el Rey trató a su siervo, y la manera en que el siervo trató a su compañero. ¿Qué clase de persona era el rey? ¿Qué clase de persona era el siervo? ¿Cómo debía haber tratado el siervo a su compañero? ¿Por qué?

---

**5** ¿Qué estaba enfatizando Jesús en esta parábola?

**Reflexionando sobre el perdón**

**6** De este estudio ¿Qué aprendes acerca del carácter de Jesús? ¿Qué aprendes de Dios el Padre (vv. 22,23,25,32,34,35)? ¿Cómo respondes a la presentación de Dios en esta parábola?

**7** ¿Qué adjetivos puedes utilizar para describir la manera en que Dios perdona? ¿Cómo debe el perdón de Dios afectar nuestra disposición de perdonar a otros?

**8** ¿Es posible que para nosotros el perdonar sea difícil porque no hemos conocido el perdón de Dios? ¿Has experimentado personalmente el perdón de Dios por tus pecados? ¿Qué seguridad tienes de ésto?

# Estudio 6

## Satanás los ha pedido.
### Lucas 22:24-34

**Contexto**: Faltan menos de 24 horas para la crucifixión de Jesús. El convierte su última cena con sus discípulos en un símbolo de su muerte sacrificial para la humanidad. Pero los discípulos comienzan a discutir entre sí acerca de quién sería el más importante. Luego Jesús hace referencia al concepto popular de grandeza y hace el contraste entre ese concepto y el suyo propio.

### Notas sobre el pasaje

**22:30** *comer y beber a mi mesa*: Habla de comunión con Cristo, de gobernar con él en el futuro reino universal.

**22:31** *Satanás los ha pedido*: Ver Job 1 y 2

### Una discusión sobre la grandeza

1 ¿Qué concepto tiene el mundo de la grandeza?

2 Lee Lucas 22:24-34. ¿Cómo describe Jesús al concepto que tiene el mundo de la grandeza? ¿De qué manera es diferente la idea de Jesús? ¿Cuál es la virtud que más destaca Cristo?

3 A través de este incidente, ¿Cuáles son las cualidades de Jesús que revelan su actitud hacia el poder? ¿Hacia sí mismo? ¿Hacia sus discípulos? ¿Qué actitud de parte de sus discípulos estaba corrigiendo? (ver el v. 24)

4 A pesar de sus disputas, ¡Jesús dice que los aprecia! ¿Qué cualidad de los discípulos aprueba Jesús en los vv. 28-30? Como consecuencia de esa cualidad, ¿qué premio promete a sus discípulos?

5 Ahora Jesús se dirige a Simón Pedro. ¿Qué impresión, en general, recibes de la actitud de Jesús hacia Pedro en este pasaje? ¿Qué verdad sobria le revela? No estamos acostumbrados a pensar que Jesús tiene fe en las personas. Pero lo vemos en el v. 32. ¿Confiaba plenamente en que Pedro iba a hacer qué cosa? ¿Qué podemos aprender de Jesús mismo en cuanto al propósito de

Dios en permitir pruebas?

**6** De la respuesta de Pedro a Jesús. ¿Cómo describes su compromiso? ¿Como mira Jesús ese "compromiso hasta la muerte"? ¿De qué manera somos parecidos a Pedro? ¿Qué puede costarnos a nosotros seguir a Jesús?

**Reflexionando sobre ser consecuente** *(escoge una)*

**7** ¿Qué diferencias hay en tu vida como consecuencia de haber seguido a Cristo?

**8** ¿Qué es lo que Jesús exige de los que profesan seguirle?

**9** ¿En qué áreas de tu vida es más difícil seguir a Jesús?

# Estudio 7

## No conozco a ese hombre.

### Mateo 26:69-75

**Contexto:** Jesús había contado a sus discípulos la verdad fría que todos ellos correrían y que lo dejarían solo la noche de su arresto. Pero Pedro afirmó con valentía "Aunque todos te dejen, yo no te dejaré." Jesús le reprendió diciendo "...antes que cante el gallo, me negarás tres veces". En este pasaje vemos que Pedro tuvo que tragar sus propias palabras.

### Notas sobre el pasaje

**26:69 patio:** Ver 26: 57,58

**26:70 todos:** los guardianes mencionados en el v. 58.

**26:73 la manera de hablar:** los galileos hablaban con un acento regional.

**26:74 cantó un gallo:** Indica el amanecer de esa misma noche que Jesús había pasado con sus dicípulos, antes de su arresto y juicio.

### Un Pedro tambaleante

1 El arresto de Jesús fue un golpe fuerte para los discípulos. No solamente se habían llevado a su maestro y Señor, sino también sus sueños de ver el reino de Dios en la tierra estaban hechos pedazos. Se sentían desanimados y temerosos. Lee Mateo 26:69-70 ¿Por qué es extraño encontrar a Pedro en el patio? ¿Qué piensas que hacía allí?

2 Trata de ponerte en la posición de Pedro. ¿Qué sentirías en ese momento? ¿Qué pensamientos persistirían en aparecer en tu mente?

3 ¿Quiénes fueron las personas que reconocieron a Pedro? ¿Cómo es que lo reconocieron? ¿Cómo respondió Pedro? ¿Qué progresión notas en las respuestas de Pedro? ¿Cómo le afectó esa negación?

**4** Piensa en lo que vimos en los estudios anteriores acerca de cómo Pedro se comprometió en su fidelidad a Jesús. ¿Qué clase de Pedro vemos en esta escena?

**5** Qué nos demuestra acerca de Jesús el hecho de que se cumplió su predicción de la negación de Pedro? Jesús puede haber asumido una actitud de "Ajá, te lo dije". Recuerda el estudio anterior de Lucas 22:31-33. ¿Qué nos demuestra ésto acerca de la preocupación principal de Jesús?

**Reflexionando sobre la negación** *(escoge una)*

**6** ¿Has tenido una experiencia similar a la de Pedro cuando titubeaste en identificarte con Jesús? ¿Por qué? ¿Te gustaría pedirle perdón ahora, y comenzar de nuevo tu vida con él?

**7** Piensa en situaciones cuando mentiste. ¿Cómo te sentiste en ese momento? ¿Cómo nos afecta el mentir?

---

# Estudio 8

## ¿Me amas?

### Juan 21:15-22

**Contexto**: Después de la resurrección Jesús se apareció muchas veces a sus discípulos. Vemos en este pasaje una ocasión en el Mar de Tiberias. Les ayudó de nuevo a pescar una gran cantidad de peces, y les preparó un desayuno de pescado y pan. Inmediatamente después, tuvo una charla privada con Pedro.

### Notas sobre el pasaje

**21:17** *la tercera vez*: La repetición de la pregunta una tercera vez fue una causa natural de la tristeza de Pedro, ya que le hizo recordar de su triple negación.

**21:19** *"de qué manera Pedro iba a morir y a glorificar con su muerte a Dios"*: Pedro, según la tradición, murió como mártir, crucificado cabeza abajo en Roma.

**21:20** *el discípulo a quién Jesús quería mucho*: Probablemente Juan, el más jóven de los discípulos, y el escritor de este cuarto evangelio.

### Pedro y Jesús

**1** Lee Juan 21:15-22. ¿Cuál es la pregunta que se repite tres veces en esta charla privada? ¿Por qué piensas que Jesús fue a Pedro con esa pregunta?

**2** ¿A qué se refiere al decir "más que éstos"? ¿Qué aparentemente, compite con Jesús por el amor de Pedro?

**3** El amor a Cristo tiene que manifestarse en acciones. ¿De qué maneras prácticas desea Jesús que Pedro exprese su amor? ¿Quiénes son los "corderos" y "ovejas" a quienes Pedro debe cuidar y apacentar?

**4** ¿Qué le costaría a Pedro seguir a Jesús (vv. 18-19)? ¿Por qué Jesús le mandó a Pedro seguirle, inmediatamente después de decirle que iba a morir como mártir?

**5** Busca la relación entre el mandato de Jesús en el v. 19 y la pregunta de Pedro en el v. 21 ¿En qué enfoca Pedro su atención? ¿En qué forma indica ésto la existencia de un posible conflicto en la respuesta de Pedro a Jesús? En esencia, según Jesús ¿cuál debe ser nuestra preocupación?

**Reflexionando en Seguir** *(escoge una)*

**6** ¿Cuántas razones puedes pensar de porqué los seguidores de Jesús deben preocuparse personalmente por otros? ¿Cómo podemos crecer en nuestro amor y servicio hacia Jesús?

**7** Había en la vida de Pedro muchas cosas que le impedían comprometerse totalmente con Jesús. ¿Qué te lo impide a tí? ¿Por qué?

# Cómo utilizar este cuaderno

Este cuaderno es una *guía de estudio*, es decir, su propósito es guiar a un grupo a descubrir por si mismo la persona de Jesús y su llamado. El cuaderno propone un diálogo. En él introducimos el tema, sugerimos cómo proceder con la investigación, y ofrecemos una serie de preguntas para estimular la discusion. Esperamos ayudarle a usted a guiar al grupo a forjar una comprensión verdadera del evangelio. No de segunda mano, como cuando se escucha un sermón, sino como fruto de su propia lectura y investigación.

## ¿Cómo hacer el estudio?

1 - Antes de comenzar, ore. Pida ayuda a Dios que le hable y le dé comprensión durante su estudio.

2 - Se deben leer los pasajes bíblicos más de una vez y preguntarse: ¿Qué dice el autor? Aunque muchos utilizan la versión Reina-Valera de la Biblia, conviene tener otra versión o versiones disponibles para comparar los pasajes entre las dos. La "Versión popular" y la "Nueva versión internacional" le pueden ayudar a ver el pasaje con más claridad.

3 - Por medio de las preguntas, ayude al grupo a investigar la porción de estudio. Permite al grupo a responder lo mejor que puedan a las preguntas.

4 - Evite la tendencia de "apurarse para terminar". Es mejor avanzar lentamente, pensando, preguntando, aclarando.

## En grupo

El estudio personal es de mucho valor pero se multiplican los beneficios si lo logra en grupo. Un grupo de hasta 8 personas es lo ideal. Pero, puede ser que por diferentes motivos el grupo esté formado por usted y una persona más, aun así, es mejor que estudiar solo.

En realidad, estos cuadernos han sido diseñados con ese motivo: estimular el estudio en células, en grupos pequeños.

La manera de hacerlo es fácil:

1 - **Usted hace en forma personal una de las lecciones del cuaderno**. Debe conocer bien las preguntas y posibles res-

puestas a ellas. Puede ser conveniente formular algunas con sus propias palabras.

2 - **Luego se reune con su grupo**. En el grupo comparten entre todos las respuestas de cada pregunta. Puede ser que no tengan las mismas respuestas, pero comparando entre todos las van aclarando y corrigiendo. Es durante este compartir semanal de una hora y media, este diálogo entre todos, donde se encuentra la verdadera riqueza que nos provée esta forma de estudio.

3 - **Evite salirse del tema**. El tiempo es oro, y lo más importante es enfocar todo el esfuerzo del grupo en el tema de la lección. Luego, pueden dedicar tiempo para conocerse más y tener un rato social.

4 - **Participe**. Todos deben participar. La riqueza del trabajo en grupo es justamente eso.

5 - **Escuche**. Hay una tendencia de apurar nuestras propias opiniones sin permitir que el otro termine. Vamos a aprender de cada uno, aun de los que, según nuestra opinión, están equivocados.

6 - **No domine la discusión**. Puede ser que usted tenga todas las respuestas correctas, sin embargo es importante dar lugar a todos, y estimular a los tímidos a participar. No se trata de sobresalir, sino de compartir aprendiendo juntos.

Si le falta experiencia en coordinar un estudio, se puede encontrar ayuda para dirigir un grupo en:

1 - Nuestra página web, www.edicionescc.com. La sección "Capacitación" ofrece una explicación breve del método de estudio.

2 - En las últimas páginas de nuestro catálogo se ofrece también una orientación.

3 - El cuaderno titulado "Células y otros grupos pequeños" es un curso de capacitación para los que desean aprender cómo coordinar un grupo.

Finalmente diremos que la guia no contiene respuestas a las preguntas ya que el cuaderno es exactamente eso, una guia, una ayuda para estimular su propio pensamiento, no un comentario ni un sermón. Le marcamos el camino, pero usted lo tiene que seguir.

Que el Señor lo acompañe en esta tarea y si necesita ayuda, comuníquese con nosotros. Estamos para servirle.

Se terminó de imprimir en los
Talleres Gráficos de
Ediciones CC
Córdoba 419 - Villa Nueva, Pcia de Córdoba
Mayo de 2014
IMPRESO EN ARGENTINA

www.ingramcontent.com/pod-product-compliance
Lightning Source LLC
Chambersburg PA
CBHW060654030426
42337CB00017B/2621